curiosidad por

LA PES

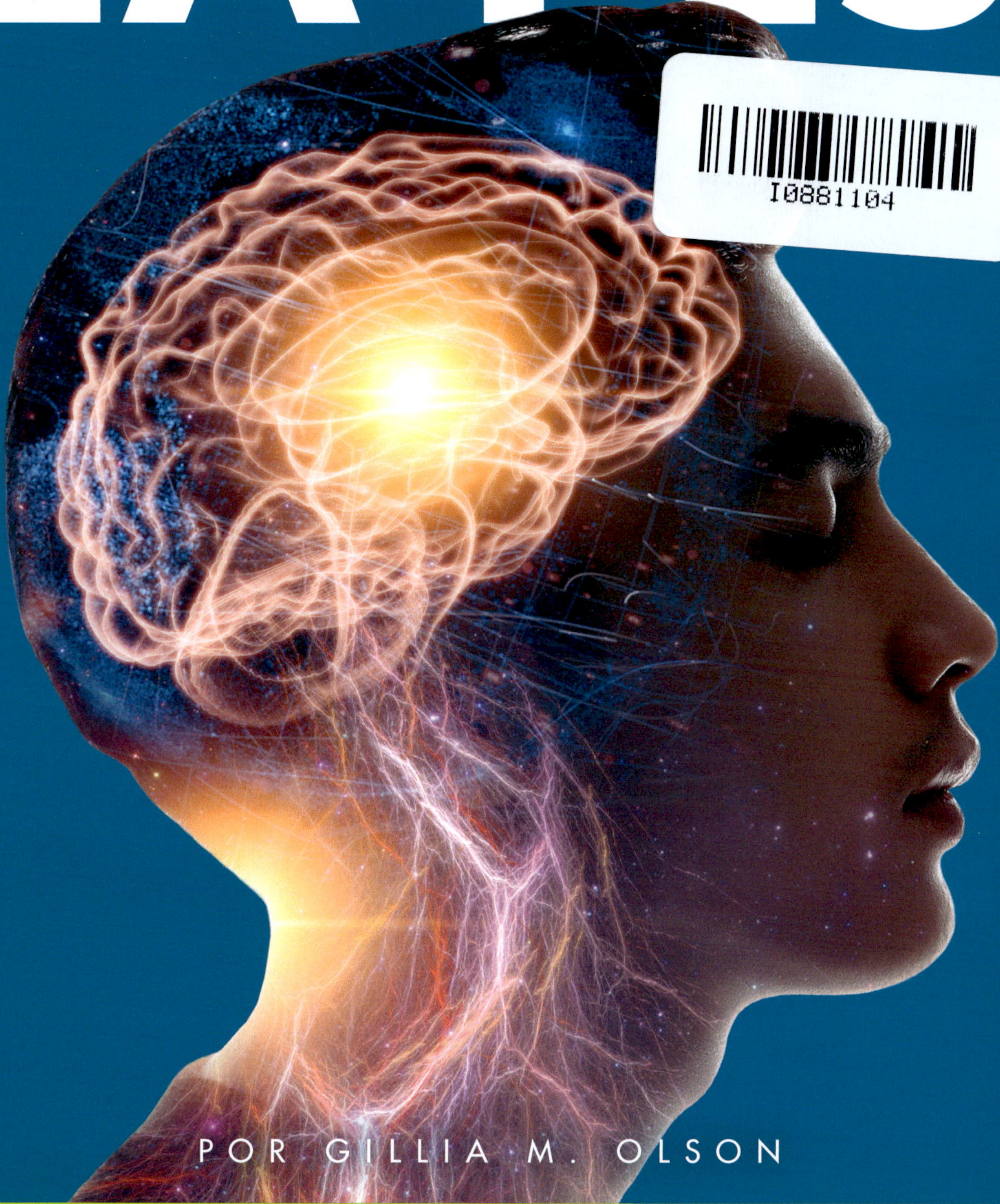

POR GILLIA M. OLSON

AMICUS LEARNING

¿Qué te causa

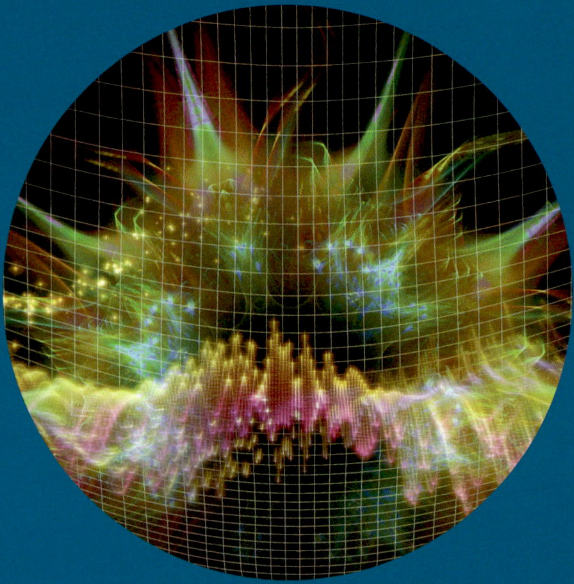

curiosidad?

3

CAPÍTULO TRES

En busca de respuestas

Curious About es una publicación de
Amicus Learning, un sello de Amicus
P.O. Box 227
Mankato, MN 56002
www.amicuspublishing.us

Editora: Ana Brauer
Diseñadora de la serie: Kathleen Petelinsek
Diseñadora del libro e investigadora fotográfica: Emily Dietz

Library of Congress Cataloging-in-Publication Data
Names: Olson, Gillia M., author.
Title: Curiosidad por la PES / by Gillia M. Olson.
Other titles: Curious about ESP. Spanish
Description: Mankato, MN : Amicus Learning, an imprint of Amicus, [2025] | Series: Curiosidad por los misterios inexplicables | Translation of: Curious about ESP. | Audience: Ages 6–9 | Audience: Grades 2–3 | Summary: "Can people really see into the future? Do psychics really have ESP? Learn about the mystery of ESP in this Spanish question-and-answer book for elementary-aged readers. Translated into North American Spanish. Includes infographics, table of contents, glossary, and index"— Provided by publisher.
Identifiers: LCCN 2024024486 (print) | LCCN 2024024487 (ebook) | ISBN 9798892003162 (library binding) | ISBN 9798892003209 (paperback) | ISBN 9798892003247 (ebook)
Subjects: LCSH: Extrasensory perception—Juvenile literature. | Psychic ability—Juvenile literature.
Classification: LCC BF1321 .O4718 2025 (print) | LCC BF1321 (ebook) | DDC 133.8-dc23/eng/20240609

Créditos de las fotos: Alamy Stock Photo/Chroma Collection, 17; Deposit Photos/agsandrew, 2, 6-7; Flickr/Carissa Andrea Thrush, 15 (*segunda desde arriba*); Getty Images/Laura Cavanaugh, 15 (*abajo*), Michael Kovac, 15 (*en medio*), Michael Tullberg, 15 (*arriba*), Roy Rochlin, 2, 14, Svetlana Repnitskaya, 9; Shutterstock/goffkein.pro, 3, 20-21, Golubovy, 10-11, New Africa, 4-5, Randy Miramontez, 18-19, sutadimages, portada, 1; The Noun Project/ainul muttaqin, 22, 23, Fabien, 22, 23; Wikimedia Commons/Francis Wickware, 16, Sgerbic, 15 (*segundo desde abajo*), Thomas Martin Easterly, 13

Impreso en China

CAPÍTULO UNO

¿Qué es la PES?

La PES se refiere a la percepción extrasensorial. Nuestros cinco sentidos son la vista, el tacto, el oído, el gusto y el olfato. "Extrasensorial" significa más allá de los cinco sentidos. La PES también se llama el sexto sentido. Las personas con percepción extrasensorial se llaman **psíquicos**.

En las películas, usualmente los psíquicos aparecen mirando a través de una bola de cristal.

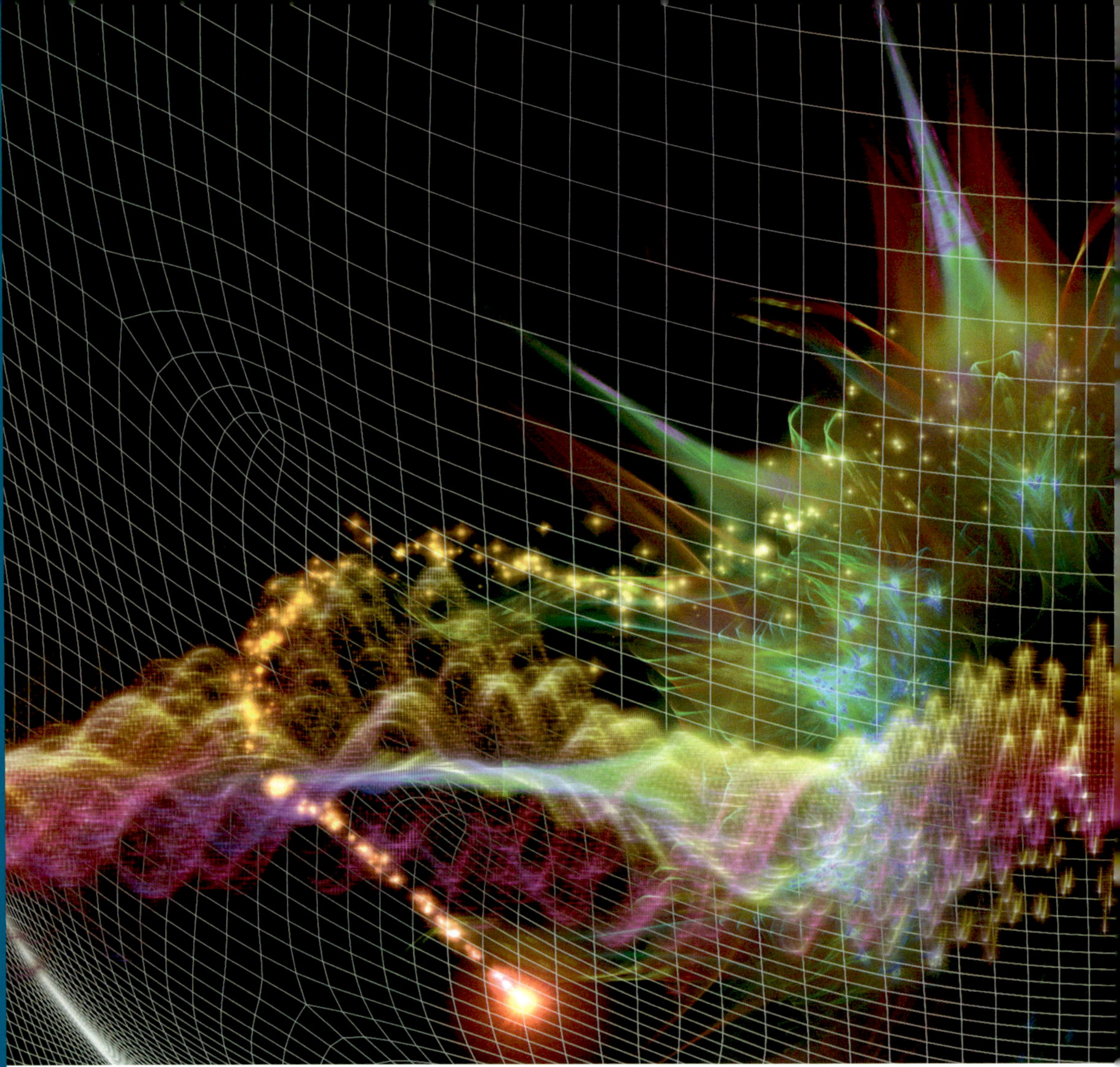

¿Qué pueden hacer los psíquicos?

Algunos psíquicos dicen que pueden mover cosas con la mente o ver el pasado.

Existen tres tipos de la PES. La primera es la **clarividencia**. Significa percibir objetos, personas o eventos que otras personas no pueden. El segundo tipo es la **telepatía**. Significa leer la mente. El tercer tipo es la **precognición**. Significa saber lo que pasará en el futuro.

¿Existen otros poderes psíquicos?

Algunas personas consideran que la **intuición** es la PES. La intuición es saber algo, pero no sabes por qué. Puede que de repente te sientas miedo. No hay **pruebas** de que algo vaya mal. Pero tu cerebro puede estar recogiendo pistas aunque tú no lo sepas.

¿LO SABÍAS?

7 de cada 10 personas creen que hay cosas que la ciencia no puede explicar.

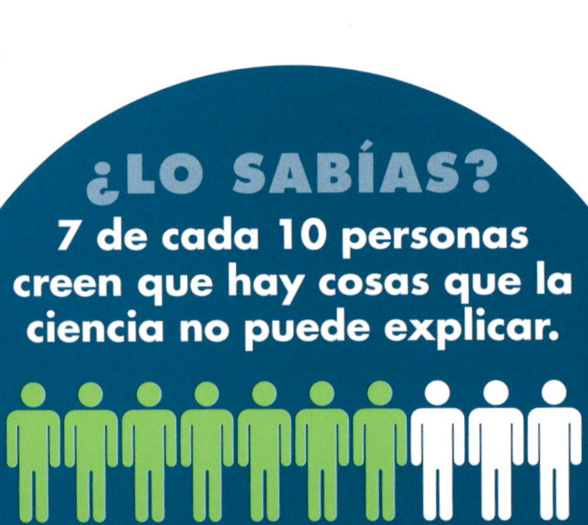

La intuición también se conoce como corazonada.

CAPÍTULO DOS 2

¿Quiénes fueron los primeros psíquicos?

Hace más de 5.000 años, los egipcios antiguos intentaban hablar con los muertos. Utilizaban un método llamado adivinación. Dejaban caer tinta en el agua. La tinta formaba figuras. La gente pensaba que las formas eran mensajes de personas que habían muerto.

Las manchas de tinta se utilizan a menudo para poner a prueba la mente de las personas. No todo el mundo ve las mismas formas en la tinta.

¿LO SABÍAS?

Casi 4 de cada 10 personas creen que los muertos pueden comunicarse con los vivos.

¿Hubo niños psíquicos?

En 1848, las hermanas Maggie y Kate Fox tenían 14 y 11 años. Afirmaron oír a un fantasma que golpeaba las paredes. Años después, en 1888, Maggie dijo que ella y su hermana lo inventaron. Se agrietaban los nudillos o los dedos de los pies. Así es como hicieron los sonidos de golpes.

La gente creyó que las hermanas Fox eran psíquicas durante muchos años antes de que Maggie dijera la verdad.

¿Hay psíquicos hoy en día?

Algunas personas son médiums. Afirman que pueden hablar con los muertos.

Hoy en día, muchas personas dicen ser psíquicos o **médiums**. Puedes ver programas de televisión sobre psíquicos. Los psíquicos también celebran eventos. Los psíquicos hacen "lecturas". Pueden predecir cosas sobre las personas del público.

LA MÉDIUM DE ISLA GRANDE
THERESA CAPUTO

LOS EXPEDIENTES DE LOS MUERTOS
AMY ALLAN

EL MÉDIUM DE HOLLYWOOD CON TYLER HENRY
TYLER HENRY

NIÑOS PSÍQUICOS
CHIP COFFEY

CRUZANDO
JOHN EDWARD

CAPÍTULO TRES

Joseph Rhine creía que alguien tenía la PES si acertaba varias de las cartas Zener.

¿Han investigado los científicos de verdad la PES?

Pues sí. En los años 30, Joseph Rhine hizo experimentos. Él inventó la palabra "PES". Rhine utilizó cartas Zener con símbolos. Le pidió a la gente que adivinara el símbolo. No existen pruebas de la PES. Pero eso no impide que la gente crea que es real.

Mucha gente tiene dudas sobre las pruebas de Joseph Rhine. Dicen que sería fácil hacer trampas.

¿LO SABÍAS?

Rhine realizó más de 90.000 experimentos en toda su vida.

¿LO SABÍAS?
La llamada en caliente es un truco que la gente utiliza para hacerse pasar por médium. Consiste en buscar a miembros del público en redes sociales antes de tiempo.

¿Cómo puedes fingir la PES?

Algunas personas utilizan los detalles que leen en las caras de la gente para parecer psíquicos.

La llamada en frío es un truco. Un psíquico dirá algo muy general. Tal vez perciban un nombre "E". En una multitud, alguien tendrá un ser querido con un nombre "E". Los psíquicos observan las caras de la gente mientras hablan. Un ceño fruncido significa una suposición equivocada. El psíquico entonces cambia lo que dice.

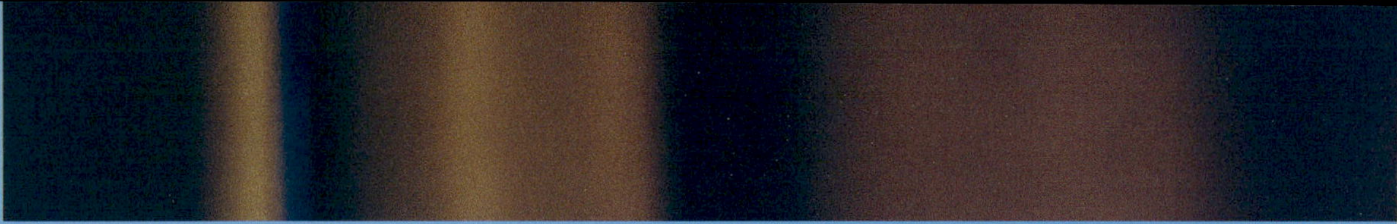

¿Por qué la gente trataría de fingir la PES?

La adivinación y la quiromancia son formas habituales de ganar dinero.

Por dinero. Los psíquicos cobran por las lecturas. Las lecturas en línea cuestan a partir de un dólar por minuto. Los psíquicos famosos ganan millones de dólares. Escriben libros. Venden entradas para espectáculos. Los psíquicos son populares. La gente siente curiosidad por cosas que no puede explicar.

HAZ MÁS PREGUNTAS

¿Quiénes son algunos psíquicos famosos?

¿Qué otros trucos puede utilizar la gente para parecer psíquicos?

Prueba con una GRAN PREGUNTA: Si se pudiera demostrar que la PES es real, ¿cómo cambiaría eso tu vida?

BUSCA LAS RESPUESTAS

Busca en el catálogo de la biblioteca o en el internet.
Pueden ayudarte tus padres, un bibliotecario o un maestro.

Uso de palabras clave
Encuentra la lupa.

Las palabras clave son las palabras más importantes en tu pregunta.

Si quieres saber sobre:

- algunos psíquicos famosos, escribe: PSÍQUICOS FAMOSOS
- trucos que los psíquicos pueden usar, escribe: TRUCOS PSÍQUICOS

GLOSARIO

clarividencia Capacidad de percibir objetos, eventos o personas que otras personas no pueden percibir.

intuición Capacidad de comprender o percibir algo sin saber por qué.

médium Persona que puede hablar con los espíritus de los muertos.

precognición Capacidad de saber algo que pasará en el futuro.

prueba Hechos o evidencia que demuestran que algo es cierto.

psíquico Persona sensible a fuerzas no físicas.

telepatía Capacidad de leer la mente.

ÍNDICE

Sobre la autora

Gillia Olson es escéptica por naturaleza, pero le encanta todo lo paranormal. Es curiosa y de mente abierta, y espera que usted también lo sea. Vive en el sur de Minnesota.